A TOUS
ET
A TOUTES.

NOUS VOULONS :

L'*émancipation* du PEUPLE, par l'*affranchissement* de la FEMME.

La *liberté* pour le PEUPLE, par l'*égalité* de la FEMME à l'HOMME.

Le *bien-être* du PEUPLE par l'abolition de tous les priviléges de la naissance et l'ASSOCIATION.

Plus de *sang*, plus de *violence*, plus de *ruse*, plus de *guerre*, plus de *concurrence*, plus de *prostitution*!

Paix universelle ; *amour* à tous les peuples ; *amour* à tous les hommes !

Ainsi que le Soleil, la Lune et les Astres sont les agens principaux de DIEU dans la nature, réglant harmoniquement la périodicité du temps, du jour, de la nuit et des saisons,

Que DIEU ait aussi ses agens dans l'*humanité*, et que ses agens soient une *Femme* et un *Homme*, AIMANT le plus leurs semblables, et les plus *capables* de les ASSOCIER en les faisant s'*aimer* et se *soutenir* les uns les autres.

Car c'est par là que l'HARMONIE régnera parmi les

Femmes et les Hommes, comme elle règne au sein des mondes.

DIEU le veut; le PÈRE l'a dit; la MÈRE le commande.

Gloire au PÈRE, en *prison* à Paris!

Amour à la MÈRE, *libre* à Constantinople!

Peuple puissant! espère, sois calme et patient;

Barrault, associant à son œuvre *médecins* et *ingénieurs*, pousse en Orient, sous le nom de compagnon de la femme, une audacieuse rencontre au-devant de MÈRE.

Hoart et Bruneau, d'une constance infatigable, rallient au PÈRE tous les *bons* travailleurs d'Occident; « travaillent avec eux aux mines, aux chemins de » fer, sur les fleuves écumans, aux forges et aux au- » tres ateliers, gagnant leur pain de chaque jour, » liés par l'*amour* du PÈRE et l'*attente* de la MÈRE. »

Et d'autres apôtres, messagers de la bonne nouvelle, rendent, partout où ils passent, un *culte* aux travailleurs en travaillant avec eux, et *installent*, en tous lieux, le saint compagnonnage de la femme, préparant ainsi, par un merveilleux accord de *but* et une religieuse diversité de *moyens*,

L'union prochaine de la MÈRE au PÈRE.

G. BIARD, *Apôtre*,
compagnon de la femme.

Grenoble,
Imprimerie de J.-L. BARNEL, rue S.t-André N.° 4.

PARALLÈLE

DU

St.-SIMONIEN ET DU RÉPUBLICAIN.

LETTRE

ADRESSÉE PAR JULES SAMBUC,

Au Président de la réunion des AMIS DE L'ÉGALITÉ,

à Grenoble.

Imprimerie de N.-C. Barnel, rue Saint-André, N.° 4.

1831.

PARALLÈLE

DU

St.-SIMONIEN ET DU RÉPUBLICAIN.

LETTRE

ADRESSÉE PAR JULES SAMBUC,

Au Président de la réunion DES AMIS DE L'ÉGALITÉ, *à Grenoble.*

Plus d'une fois il est arrivé qu'on a confondu les républicains avec les Saints-Simoniens ; cela vient de ce que quand les uns et les autres sont appelés à critiquer l'ordre social actuel, à le démolir, pour ainsi dire, il est impossible qu'ils ne se rencontrent pas sur quelques points. Par exemple, l'un et l'autre repoussent le *moyen âge*, le *constitutionnalisme* et ses absurdes fictions (1) ; l'un et l'autre veulent alléger la misère des classes nombreuses, améliorer leur état physique, intellectuel et moral, et détruire,

(1) Voici quelques-unes de celles que présentent, de nos jours, les théories *constitutionnelles* les plus élevées. Quand un roi fait bien, c'est lui qui a agi, quand il fait mal ce n'est pas lui. Il *peut* déclarer la guerre, mais on a *le droit* de lui refuser les ressources qui lui sont nécessaires pour la faire. Tous les hommes sont égaux devant la loi, mais les lois, sans prendre d'autre base que la fortune répartie par le hasard de la naissance, consacrent des inégalités (Pairie, électeurs, éligibles, jurés, garde nationale, etc.) Le roi *peut* nommer ses ministres comme bon lui semble; mais les chambres *peuvent* les renvoyer en refusant le budget. Toutes ces contradictions, tous ces mystères ont l'approbation d'un public qui se croit très-positif, et l'on appelle *rêveurs politiques* les hommes de sens qui présentent une théorie où tout se lie, où tout s'enchaîne, et qui n'offre pas une *contradiction*, pas une *fiction*, pas un *mystère!*....

(Note extraite, en partie, du premier volume de la doctrine de Saint-Simon, page 120.)

si possible, l'*exploitation* de l'homme par l'homme. Mais une profonde ligne de démarcation les sépare d'ailleurs; c'est ce que nous allons rendre plus sensible, en établissant un parallèle entre la doctr ıe du St.-Simonien et celle du républicain. Il est inutile de dire que nous n'envisageons ici la doctrine St.-Simonienne que sous le point de vue politique; pour pouvoir l'envisager sous son point de vue religieux, il faudrait nous prouver auparavant qu'elle ressemble à une religion.

1.° Le St.-Simonien fait descendre l'élection de haut en bas; le républicain la fait monter de bas en haut;

2.° Le St.-Simonien *abolit l'héritage* par droit de naissance, le républicain se contente d'établir l'*impôt progressif* qui, sans bouleverser tous les rapports sociaux, subdivisera la propriété et en mettra une portion convenable entre les mains de tous ceux qui sauront la conserver;

3.° Le St.-Simonien, en tout organisant, marche à une *centralisation* qui nous paraît impossible. Le républicain s'efforce de *détruire la centralisation* et de reporter la vie dans toutes les ramifications du corps social. Il veut que tous les pouvoirs *locaux* soient compétens pour statuer sur les *intérêts locaux*, et qu'ils ne soient obligés de s'en remettre au *pouvoir central* que quand il s'agit de questions d'*intérêt général*;

4.° Le St.-Simonien mêle la politique à la religion et dit même (1) (page 510), que *l'institution politique de l'avenir, considérée dans son ensemble, ne doit être qu'une institution religieuse*. Le républicain sépare *complètement* la politique de la religion; il considère le *sentiment religieux* comme une affaire de cœur, comme un rapport intime de la créature à son créateur, de l'homme à Dieu, et il laisse l'être intelligent et développé, honorer la suprême intelligence de la manière qui lui est prescrite par sa conscience;

5.° Le St.-Simonien considère l'état actuel de la société comme un état d'*antagonisme* qui ne doit être que provisoire; et, déduisant *toute concurrence*, il veut nous amener à l'*association universelle*

(1) Exposition de la doctrine St.-Simonienne.

qui, selon lui, est le but des efforts de l'humanité (v. p. 144.) Le républicain ne repousse pas l'idée de l'*association des peuples*; il la desire, la comprend et la favorise au contraire de tous ses efforts; mais il abandonne les rapports *commerciaux et industriels* à la libre *concurrence*; il fait la guerre aux monopoles, aux privilèges; en un mot, à toutes les vieilles entraves par lesquelles on n'a cessé jusqu'à ce jour de gêner le développement de l'industrie et des facultés humaines. Il ne croit pas qu'il soit possible de régler le monde industriel, de tout arranger, de tout combiner, comme on pourrait le faire, peut-être, s'il ne s'agissait que d'une communauté de quelques mille âmes, où il ne serait pas impossible de donner à tous les développemens une précision presque mathématique qui exclurait toute idée de chance excessive en bien ou en mal;

6.° Le St.-Simonien répugne essentiellement à la *guerre* et paraît ne vouloir employer que des moyens *pacifiques* pour arriver à son but. Le républicain, qui sait qu'on ne convertit jamais les *aristocrates* avec des sermons ou des écrits, fussent-ils pleins d'idées sublimes et vraies, pense qu'il faudra du fer et du canon pour mettre leur égoïsme à la raison, et il l'emploiera sans hésiter dès qu'il le pourra. Il déplore cependant les maux inévitables qu'entraîne toujours la guerre après soi, mais il remarque qu'elle a souvent été un puissant moyen de civilisation, et il croit qu'il y a de ces doctrines justes, salutaires, bienfaisantes, qu'on ne peut établir qu'avec une *propagande et une bonne armée*. Quand l'aristocratie aura mis bas les armes, ce sera différent (1).

(1) Quand les peuples cesseront d'être dupes des aristocrates, ils cesseront de s'entredéchirer. Alors, dit l'illustre Condorcet : « Des institutions mieux combi- » nées que ces projets de paix perpétuelle, qui ont occupé le loisir et consolé » l'âme de quelques philosophes, accéléreront les progrès de cette fraternité » des nations, et les guerres contre les peuples, comme les assassinats, seront » au nombre des atrocités extraordinaires qui humilient et révoltent la nature, » qui impriment un long opprobre sur le pays, sur le siècle dont les annales » en ont été souillées. » (Tableau des progrès de l'esprit humain, page 359.)

7.° Le St.-Simonien se soumet à des chefs inamovibles, nommés *artistes* ou *prêtres*, lesquels ont été désignés par le grand-prêtre qui a pris le nom malencontreux de *pape*, et qui est lui-même le successeur direct de *St.-Simon* qui, à son lit de mort, doit l'avoir désigné comme le plus digne et le plus capable de le remplacer. Celui-ci, avant de mourir, désignera probablement aussi son successeur, et c'est ainsi que la succession de St.-Simon semble vouloir marcher sur les traces de celle de St.-Pierre. Mais si un beau matin un de ces nouveaux papes venait à mourir d'une attaque d'apoplexie foudroyante, avant d'avoir eu le temps de reconnaître et de désigner celui qui est le plus digne de lui succéder, il faudrait assembler un *conclave* de Sts.-Simoniens et violer les principes de l'élection qui, chez eux, va toujours du supérieur à l'inférieur (1). Le républicain ne reconnaît en rien l'autorité temporelle des *artistes*, des *prêtres* et des *papes*. Il ne nomme aucun chef *inamovible*, il ne voit dans la société que des *citoyens* tous égaux en droit, dont les plus dignes et les plus capables sont librement choisis par leurs concitoyens pour remplir des fonctions publiques et administrer les affaires générales pendant un espace de temps plus ou moins long, selon que, par leur bonne conduite, ils sauront mériter d'être plus ou moins souvent réélus. Après cela, il est bien entendu qu'ils rentreront dans la condition privée, sans qu'ils puissent y porter aucune marque distinctive, attendu que les plus hautes fonctions seront comme un manteau que la nation vous donne, et qu'elle vous ôte, ou que vous lui rendez, sans qu'il doive en rester vestige sur vos épaules, sauf les marques spontanées d'estime, de

---

(1) On me répondra peut-être que dans tout état de choses ce successeur se trouvera désigné d'avance par l'ordre hiérarchique des capacités; cependant, cet ordre n'est pas à l'abri des erreurs, et le choix du pape, s'il est libre, doit pouvoir tomber sur telle ou telle capacité méconnue jusqu'alors, et que des circonstances particulières sont venues lui révéler tout-à-coup.

considération et de reconnaissance que peuvent vous donner vos concitoyens, s'ils trouvent que vous les avez méritées;

8.° Le St.-Simonien veut que l'on donne la plus grande importance à l'*éducation morale*; il pense *qu'elle doit suivre l'homme dans le cours entier de son existence* (p. 262.) Jusque-là le républicain est parfaitement de son avis, il lui accordera même que nous n'avons en France qu'une assez *mauvaise instruction*, et rien qui mérite seulement le nom d'*éducation*, ou que c'est en général tout ce qu'il y a au monde de plus pitoyable. Mais ils se séparent, en ce que le St.-Simonien veut que la *direction de cette éducation appartienne exclusivement aux hommes doués de la plus haute capacité sympathique* (p. 274), sans égard pour la liberté de l'enseignement, ni pour le vœu des parens (1). Ce n'est pas le tout; *les institutions St.-Simoniennes devront pourvoir, d'une part, à ce que l'éducation soit accessible à tous, sans distinction de naissance ou de famille*; *à ce que cette éducation soit répartie en raison des capacités et des vocations individuelles* (p. 280.) Cela parait d'abord le beau idéal de l'éducation; mais le républicain ne pense pas que cette éducation soit possible, jusqu'à ce qu'on ait ressuscité chez nous les mœurs de Sparte. Il ne pense pas que le législateur puisse intervenir aussi violemment au sein des familles et enlever les enfans à leurs parens pour leur donner à tous, jusqu'à un certain âge, une éducation générale, uniforme; et puis il craint que quand il s'agira de l'éducation spéciale ou professionnelle, les hommes chargés de prononcer sur les vocations individuelles, malgré leur *haute capacité sympathique*, ne commettent quelques injustices. Le républicain craint tant l'arbitraire! et puis, qui ne sait que l'homme

(1) Cependant les Saints-Simoniens ne peuvent ignorer les différences notables qui se trouvent entre *l'Etat* et *la famille*, comme l'a bien indiqué Bentham, dans son chapitre sur l'influence de l'éducation (tom 11, page 338 et suivantes.)

n'échappe jamais entièrement aux mille liens, aux mille relations d'amitié, de parenté, de confraternité, etc., etc., qui l'enchaînent de toutes parts. Qui voudrait même assurer que les *préjugés* ou les sympathies de *castes* seront à jamais écartées des Sts.-Simoniens, à moins que personne ne connaisse ses enfans? Car enfin il y aura des *artistes* ou *prêtres*; ces êtres seront les plus *sympathiques*, et par conséquent chargés de la direction de l'éducation; ils auront des enfans, leurs collègues en auront aussi; s'ils connaissent leurs enfans, deviendront-ils juges dans leur propre cause? s'ils connaissent les enfans de leurs confrères les *savans*, et qu'ils aient à prononcer sur la vocation du fils d'un Leibnitz, d'un Pascal, d'un Newton, d'un Bacon, etc., et que le jeune homme soit borné, ou qu'il annonce des goûts tout-à-fait singuliers, est-il bien sûr qu'ils prononceront sans aucune espèce de partialité, comme s'il s'agissait du fils d'un maçon ou d'un cordonnier? et puis, si leur sentence d'éducation professionnelle déplait à celui qui devra se soumettre, que deviendra sa liberté?

Par ces raisons, et beaucoup d'autres qu'il pourrait énumérer encore, le républicain pense qu'ici le mieux est réellement ennemi du bien, et il se contente :

1.° De rendre l'éducation primaire *gratuite* et *obligatoire* même, par des moyens qui n'auraient rien de trop acerbe, et qui sont déjà usités dans plusieurs républiques;

2.° Il élargit considérablement le cercle d'éducation qui sera mis à la portée des classes les plus pauvres, et se réserve de faire donner l'éducation la plus soignée à tous les individus, quelle que soit leur naissance, chez lesquels on viendra à reconnaître des facultés privilégiées dont il importe à la société de profiter, attendu que le don du génie est chose trop rare et trop précieuse pour ne pas en tirer parti dans l'intérêt général, qui se trouve ici d'accord avec l'intérêt individuel..;

3.° Il réforme complètement l'éducation des classes favorisées par la fortune, et combine tous les efforts pédagogiques auxquels il peut donner une direction salutaire et approprier, le plus possible, chaque individu à l'ordre social républicain. Ceci peut s'appliquer à tout le système d'éducation en général; mais on sent que des soins particuliers peuvent et doivent être nécessaires pour inculquer au riche des sentimens, des idées et des sympathies républicaines, car généralement on est d'autant moins républicain, qu'on est plus riche.

9.° Le St.-Simonien porte nécessairement les plus graves atteintes à la liberté individuelle, témoins ces *hommes généraux dont les fonctions sont de marquer à chacun la place qu'il leur importera le plus d'occuper et pour lui-même et pour les autres* (t. 1. p. 209.)

Le républicain professe au contraire le plus profond respect pour la liberté individuelle, et il se propose de l'environner de tous les égards dont elle est encore privée sous notre organisation actuelle. Il se demande aussi ce qu'il adviendra quand il y aura désaccord (et il peut être très-vif) entre la volonté de l'*homme général* et celle de l'*homme spécial*? Et puis, n'y a-t-il pas de certaines fonctions, qu'il nous répugnerait de nommer, pour lesquelles personne n'aura ni goût, ni aptitude, ni vocation, sur-tout au sortir d'une *éducation générale* qui devra épurer les goûts et ennoblir les sentimens? qui voudra les remplir, *sur-tout si elles lui sont assignées par une volonté d'homme*, quelle que soit d'ailleurs la *capacité supérieure*? Les Sts.-Simoniens perfectionneront-ils les machines jusqu'à ce qu'elles se chargent de faire toutes les choses pour lesquelles il n'est pas permis de supposer à l'homme un goût naturel? ou bien changeront-ils tellement notre manière de voir, détruiront-ils si bien tous nos préjugés, qu'il n'y ait plus rien de pénible, de repoussant, de dégoûtant même dans certaines occupations de la vie, que l'on ne peut accepter que de la main impérieuse du sort, lorsqu'on se trouve dans un certain cercle d'idées et d'habitudes qui rendent la chose infiniment moins pénible ? Pour croire que les Sts.-Simoniens nous parlent sérieusement, nous attendrons qu'ils nous l'aient prouvé par des faits ;

10.° Si nous comprenons bien quelques passages de l'exposition de la doctrine (p.s 215 et 216), il est facile de s'apercevoir que c'est presque avec mépris que les Sts.-Simoniens envisagent les critiques dirigées de nos jours, par certaines gens, contre l'autorité religieuse et politique ; d'un autre côté, ils ne cachent point leur admiration pour la hiérarchie ancienne des catholiques, pour la plupart de leurs institutions, et sur-tout pour leur merveilleuse *unité* ; tout cela, disent-ils, était on ne peut mieux approprié *à l'époque organique* du moyen âge, mais nulle part, que je sache, ils ne flétrissent toutes les horreurs du catholicisme pour maintenir son unité; nulle part ils ne s'élèvent avec force contre sa *barbare intolérance* (1), d'où je conclus, que si les Sts.-Simoniens venaient à s'emparer de la moitié ou des deux tiers de la societé dans telle ou telle contrée, sous prétexte de nous ramener à l'*unité religieuse*, *politique* et *industrielle*, au lieu de se borner à donner à *toutes les exigences progressives une direction religieuse et politique* (v. p. 8, à la fin du t. 1.er), il est fort possible qu'avec leur *loi d'amour* ils nous ramenassent à une *effroyable intolérance* et à tous les maux qui devraient en être la conséquence.

Quant au républicain, on sait assez que s'il n'est pas partisan de la *tolérance religieuse*, c'est uniquement parce qu'il voit dans ce mot une injure et une injustice. Il veut que nulle croyance ne tolère l'autre, mais que toutes aient le même droit d'exister aussi long-temps qu'elles ne sont point l'objet d'un scandale ou d'un désordre public ;

11.° Le St.-Simonien croit « Que les sociétés humaines n'auront » pas toujours des chefs célestes, des maîtres qui complottent » leur ruine, qui s'engraissent dans l'oisiveté, de notre travail et » de nos sueurs ; des monstres, en un mot, qui vivent de nos

(1) L'auteur appartient à la communion protestante de Genève.

» douleurs et de nos larmes ; ils pensent au contraire qu'un jour » viendra où elles auront à leur tête des hommes dont elles » chériront le pouvoir et dont elles voudront défendre l'autorité ; » partant, il est tout disposé à accorder à ces chefs beaucoup de confiance et de pouvoir (v. p. 410.)

Le républicain croit très-fort, qu'avec le temps, les monstres, les tyrans, les despotes, les maîtres, les seigneurs, les aristocrates et les papes disparaîtront pour faire place à des chefs que la société aura choisis à raison de leurs talens et de leurs vertus ; mais le républicain voit toujours un *homme* dans un *chef*, et, partant, il ne veut lui accorder ni *beaucoup de pouvoir* ni *trop de confiance. C'est aux institutions seules* qu'il se confie, et il veut qu'elles soient combinées de manière que contre elles viennent échouer toute la perversité humaine. Il y a plus, s'apercevant que presque toujours la liberté a succombé sous de colossales réputations, sous de grandes popularités, le républicain désirerait qu'un peu de défiance, et presque d'ingratitude se glissât dans l'attitude et la conduite du peuple à l'égard même des chefs les plus populaires, sauf à les en indemniser un jour par l'enthousiasme de la reconnaissance s'ils persévèrent jusqu'à la fin, et restent fidèles à la bonne cause. Comme on le voit, ce serait une *soupape de sûreté*, qui pourrait préserver notre *avenir* du despotisme, sans en faire pour cela un *enfer*, comme le prétendent les Sts.-Simoniens (v. t. 1.er, p. 410.)

12.° Enfin, le St.-Simonien, sous prétexte de nous amener plus vite à *l'association universelle, physique et intellectuelle du genre humain* (v. p. 71), *d'élargir notre cœur, de le rendre cosmopolite, et de réhabiliter la condition des femmes* relâche le lien de la patrie, brise celui de famille et ôte ou fait perdre à la plus belle moitié du genre humain, autant de charmes qu'il lui restitue ou lui donne de droits excessifs.

Le républicain poursuit, par d'autres voies, l'association des peuples et l'amélioration progressive de la condition humaine ; il est capable de dire avec Fénélon, « Je préfère ma famille à moi, ma patrie à ma famille et le genre humain à ma patrie. » Il sait que les pauvres et les femmes ont été fort mal traitées jusqu'à ce jour par les riches, qui ont toujours eu le monopole de la législation et des emplois; il se propose de faire disparaître de nos codes ces trames frappantes d'égoïsme et d'injustice, mais il veut en même temps resserrer le lien de patrie et celui de famille, les rendre toujours plus purs et plus sacrés, et ne donner de *capacité aux femmes* que pour les choses qu'elles pourront faire, sans méconnaître le vœu de la nature, qui les a évidemment destinées à des occupations plus douces, plus intérieures, et qui les rend toujours d'autant plus belles à nos yeux, plus chères à nos cœurs, et par conséquent plus heureuses; qu'elles brillent avec plus de modestie, par leurs vertus privées, au milieu des soins domestiques que réclame la famille que la providence semble leur avoir spécialement confiée.

En voilà assez pour prouver toute la distance qu'il y a entre les doctrines du St.-Simonien et celles du républicain. Assurément peu de gens, peut-être, en ont fait jusqu'à ce jour une critique plus sévère; c'est pourquoi nous croyons avoir le droit de dire aussi le bien que nous pensons d'eux.

Les chefs de cette doctrine nous sont personnellement connus. Ce sont, pour la plupart, des gens très-remarquables. Nous les croyons de bonne foi, leurs sentimens nous ont paru généreux, et leurs pensées très-élevées. Personne, au point de vue critique, n'a envisagé l'histoire de l'homme avec plus de profondeur et de sagacité qu'ils ne l'ont fait; sous ce rapport, ils ont déja rendu service à la science et aux républicains eux-mêmes. Ils écrivent avec un rare talent, prêchent avec une prodigieuse éloquence et discutent avec beaucoup de finesse et d'habileté. Ils auront leur développement et feront époque dans les annales du genre humain. Ils nous prédisent un *avenir religieux*, ils en sont eux-mêmes la preuve et l'exemple, quoique le sentiment religieux qui les travaille, nous semble les avoir conduits plutôt à un *système social* qu'à une *réligion*. La philosophie du dix-huitième siècle, comme ils le disent, a tout détruit, tout nivelé, mais elle n'a pu extirper du cœur de l'homme un sentiment religieux qui, nous le croyons, n'y meurt et n'y mourra jamais complètement. Il est dans ce moment affaibli, obscurci, étouffé, mais il fait effort pour renaître, il a besoin d'existence; ce sentiment, comme tous les autres, veut se développer; il est un élément essentiel de notre nature; toute l'histoire en dépose; il recèle des trésors de jouissance et sur-tout de consolation. Ayant cru, à tort, que l'évangile lui-même ne satisfaisait plus aux besoins de l'humanité, il essaie de revêtir une nouvelle forme dans la doctrine de St.-Simon. L'apparition seule de cette nouvelle doctrine, si profonde dans ses aperçus *critiques* du passé, si hardie, si audacieuse dans ses conceptions *organiques* de l'avenir, est un phénomène qui mérite toute l'attention du philosophe, et qu'il faut se garder de juger avec légèreté, comme le font tant d'esprits superficiels. Nous savons qu'on débite sur les Sts.-Simoniens une foule de contes absurdes, inventés par la sottise ou la passion; il n'en faut rien croire et lire leur livre avec le plus grand soin. Le développement de cette école à la fois religieuse, politique et philosophique, tournera au profit de la civilisation; il forcera le catholicisme actuel lui-même, à se reformer; il modifiera le protestantisme sur quelques points, ou l'obligera à devenir plus large, plus libéral, plus conséquent avec son principe, que trop souvent il a renié et qu'il renie encore, de nos jours, dans quelques contrées, (notamment dans le canton de Vaud.) Il provoquera un examen plus approfondi des véritables doctrines du christianisme; il éclaircira la question de savoir s'il suffit ou ne suffit pas aux besoins de l'humanité (1). Enfin il portera le flambeau d'une

(1) Nous parlons non en croyant passionné, mais en philosophe impartial, qui porte ses regards en avant, et qui, partant, se met hors de la portée de bien des lecteurs.

critique sévère dans toutes les questions d'économie politique et autres, et jettera des rayons de lumières qui, je le répète, tourneront au profit de la civilisation.

Mais le St.-Simonien peut s'attendre à de rudes attaques qui, probablement, le forceront à se modifier. Par exemple, après avoir, avec bonheur, divisé l'histoire du genre humain en *époques organiques* et en *époques critiques*, il trouve que le développement religieux de l'humanité a dû nécessairement passer par le *polythéisme* et le *monothéisme* qui présente deux phases, le *judaïsme* et le *christianisme*.

D'abord il semble que le *mahométisme* occupe assez de place dans l'histoire pour que les Sts.-Simoniens n'eussent pas dû le passer sous silence. Dans leur premier volume il n'en est pas question, il n'y a *pas un seul mot* qui y ait rapport.

En second lieu, s'il est vrai que tout s'enchaîne, que tout se lie, que tout doit être progressif ou soumis à la grande loi du *progrès*, en vertu de lois constantes et immuables, sera-t-il nécessaire que toutes les populations du globe passent successivement par le *fétichisme*, le *polythéisme* et le *monothéisme*, pour accomplir leur développement religieux et arriver au *St.-Simonisme*, qui nous semble être une espèce de panthéisme? ou bien pourra-t-on résoudre le grand problème de l'unité de *croyance* et d'*action* au moyen de *brusques transitions* qui sembleraient déroger au développement progressif voulu jusqu'à ce jour par les lois immuables de la nature (1)? Enfin, les Sts.-Simoniens, qui ont si bien vengé le *sentiment* de toutes les insultes qui lui sont prodiguées par le *positivisme* de notre époque, s'interdiront-ils l'hymne de la reconnaissance et la prière du repentir; en un mot, tous ces purs épanchemens du cœur qui

(1) Sera-ce encore par une *brusque transition* qu'on passera de l'état actuel au *Saint-Simonisme*, ou bien ne sera-t-il pas nécessaire auparavant d'épuiser le système républicain! nous sommes d'autant plus porté à le croire que presque

procurent tant de soulagement, de consolations et de jouissances aux ames pieuses des fidèles? or bien s'ils prient aussi avec amour, devra-t-on les accuser de *douter* de la *bonté* et de la *sagesse* divine (v. t. 1.er, p. 425) (1)?

---

tous les Saints-Simoniens étaient naguère d'ardents républicains. C'est du moins ce qu'ils nous ont dit eux-mêmes; si donc ils ne se sont réfugiés dans la doctrine de Saint-Simon qu'après avoir épuisé, pour leur compte, la doctrine des républicains, sans pouvoir trouver de quoi satisfaire leur radicalisme, il est naturel de penser que la société ne pourrait consentir à suivre leur trace, qu'après avoir fait la même épreuve et passé par le même développement qu'eux. Donc ils méconnaissent les lois du développement de l'humanité, méconnaissent leurs propres intérêts et commettent une grave inconséquence quand ils se laissent aller à déclamer contre les républicains.

(1) Au reste, dès que nous le pourrons, nous lirons avec la plus scrupuleuse attention le deuxième volume de l'exposition de la doctrine de Saint-Simon; peut-être y auront-ils répondu à quelques-unes de nos questions ou objections que nous leur aurions épargnées, si nous eussions connu l'ensemble de la doctrine. Quoi qu'il en soit, c'est un fait grave, très-grave qu'une organisation sociale toute neuve, qui n'a rien de commun avec la précédente. L'ancienne, nous le savons, est mauvaise et prête terriblement le flanc à la critique de l'homme qui sait secouer le joug des préjugés; mais avant de porter sur la nouvelle un jugement définitif, les Saints-Simoniens voudront bien nous permettre d'attendre qu'ils aient fait leurs preuves d'une manière complète, qu'ils aient *réalisé* toutes les belles choses qu'ils ont conçues, et que leur théorie ait reçu la sanction de l'expérience.

FIN.

CHANTS SAINT-SIMONIENS.

Nous TRAVAILLONS par nos *chants*, nos *écrits*, notre *parole*, nos *actes* :
A la gloire du PÈRE,
A la venue de la MÈRE,
Car le salut du PEUPLE en dépend.

LE PEUPLE.

Ses Travaux.

Qui féconde la terre;
Qui plante bois et vignes,
Qui sème les moissons,
Qui pour chacun prépare
L'habit et la parure
La chair, le pain, le vin!
Peuple fier, peuple fort
C'est toi.
Ton cœur est bon, voici mon cœur;
Ton bras est fort, je suis à toi;
Voici mon bras, je suis à toi,
Je suis au Père, au Père, à Dieu,
A la vie, à la mort; à la mort, à la vie.

Qui des flancs de la terre
Tire le grès, le marbre,
L'or, le plomb et le fer,
Qui fait sa face belle
En la parant de villes,

De chars et de vaisseaux ?
Peuple fier, peuple fort,
C'est toi.
Ton cœur est bon, voici mon cœur, etc.

Qui pour les grandes choses
Enfante les grands hommes ?
Qui sait les couronner,
Qui sur la terre entière
Six mille ans fit la guerre ?
Qui la fera cesser ?
Peuple fier, peuple fort
C'est toi.
Ton cœur est bon, voici mon cœur, etc.

Patience du Peuple.

On charge ses épaules,
On charge, on charge encore ;
Il ne sait pas plier :
Bon, dit-il, Dieu m'éprouve,
Espérons avec calme ;
Travaillons, je suis fort ;
Peuple calme et puissant,
Salut.
Ton cœur est bon, voici mon cœur, etc.

Oui, répète le peuple,
Travaillons et qu'importe,
Oisifs et vagabonds,
Ma force leur pardonne,
Un oisif n'est pas homme
C'est un chétif enfant.
Peuple calme et puissant
Salut.
Ton cœur est bon, voici mon cœur, etc.

Dieu veut que je travaille,
C'est que Dieu m'a fait homme.

Je nourris les enfans.
A quiconque travaille
Dieu promet récompense.
J'attends en travaillant.
Peuple calme et puissant,
Salut.
Ton cœur est bon, voici mon cœur;
Ton bras est fort, je suis à toi;
Voici mon bras, je suis à toi,
Je suis au Père, au Père, à Dieu,
A la vie, à la mort; à la mort, à la vie.

ROUSSEAU, *Apôtre.*

L'APPEL AU PEUPLE.

PEUPLE, si notre voix réclame,
C'est pour toi, pour ta dignité.
Par nous les vertus de ton âme
Jailliront de l'obscurité.
FEMMES! vos larmes sont les nôtres,
Mais espérez un sort plus doux.
Femmes, peuple, aimez les apôtres
D'un Dieu de paix, d'amour pour vous.
Gloire à Dieu!
Gloire à Dieu!
Gloire à Dieu!
Gloire à Dieu!

En disant à l'homme de guerre,
Ton fer, il le faut déposer;
A l'avenir tout adversaire
Sera vaincu par un baiser.

C'est pour vous, pour vos enfans, pour les nôtres,
Pour tous ceux qu'ont frappé ses coups.
Femmes, peuple, aimez les apôtres
D'un Dieu de paix, d'amour pour vous.
Gloire à Dieu!
Gloire à Dieu!
Gloire à Dieu!
Gloire à Dieu!

Comme un privilége arbitraire,
Nous détruirons l'*oisiveté*:
Le *travail* aura son salaire,
Et les grands la capacité;
Solidaires les uns des autres,
Les hommes se soutiendront tous.
Femmes, peuple, aimez les apôtres,
D'un Dieu de paix, d'amour pour vous,
Gloire à Dieu!
Gloire à Dieu!
Gloire à Dieu!
Gloire à Dieu!

Aux pères de pauvres familles,
Nos accens s'adressent encor.
Les charmes de sa jeune fille
Ne seront plus vendus à l'or.
Ces vœux doivent être les vôtres;
Car nous en avons frémi tous.
Femmes, peuple, aimez les apôtres;
D'un Dieu de paix, d'amour pour vous.
Gloire à Dieu!
Gloire à Dieu!
Gloire à Dieu!
Gloire à Dieu!

BERGIER,

Ouvrier, Saint-Simonien.

L'AVENIR EST A NOUS.

Elans du cœur, chants d'amour et d'ivresse,
Partez, volez sur l'aile du bonheur;
Et qu'aux accens d'une sainte allégresse
L'écho lointain, ange consolateur,
Du monde entier, apaise la douleur;
Las! si long-temps tu répandis des larmes,
Peuple, mon Dieu, tu ne dois plus souffrir;
Ta patience a lassé tes alarmes,
Tes cris, enfin, sont des cris de plaisir.
Non, non, plus de tempêtes,
D'effroyables conquêtes,
Dont nous souffrions tous;
De fleurs parons nos têtes,
Chantons l'hymne des fêtes,
L'avenir et à nous. (4 fois.)

Réjouis-toi, peuple puissant, espère!
Géant d'amour, de force et de beauté,
Un homme, un Dieu, l'a dit: «Je suis ton Père»;
Nouveau messie et voix de vérité,
Ma vie entière est dans l'humanité;
Phare éclatant, je domine l'orage,
Aux naufragés j'offre un port désormais,
D'un ciel ami, je suis l'heureux présage,
J'annonce à tous le règne de la paix.
Non, non, plus de tempêtes, etc.,

Sèche tes pleurs, sensible et tendre mère,
Guide chéri d'un être chancelant;
Sèche tes pleurs, l'affreux droit de la guerre
Ne viendra plus, exécrable tourment,

Te déchirer jusque dans ton enfant,
Mais tu verras ce fils, ce bien suprême,
Grandir en force, en amour, en vertu.
L'homme de paix, voilà l'homme qu'on aime,
Car c'est celui qui nous aime le plus.
Non, non, plus de tempêtes, etc.,

Quoi ! c'est sur toi que sans honte on se rue;
Fille du peuple, on rit de ta candeur,
Et par ta chair trafiquée et vendue,
En se jouant l'infâme suborneur,
Marque ton front du sceau du déshonneur;
Mais non l'honneur, seul bien de nos familles,
N'est plus le jouet d'un pouvoir effronté;
Ah! pour nos mères, nos sœurs et nos filles,
La Femme, enfin, a crié : *liberté*!
Non, non, plus de tempêtes, etc.,

En dépouillant le maillot qui t'outrage,
Lange honteux qui retient ton essor;
Vas, romps tes fers, sois l'*homme* de notre âge
Que ton geôlier, ridicule Mentor,
Aide ta cause et t'injurie encor;
Efforts divins, leçon haute et vivante,
O dévoûment le plus pur, le plus beau;
Peuple, salut! ta voix sonore chante;
Ton corps altier revêt l'habit nouveau.
Non, non, plus de tempêtes,
D'effroyables conquêtes,
Dont nous souffrions tous;
De fleurs parons nos têtes,
Chantons l'hymne des fêtes,
L'avenir est à nous. (4 fois.).

VINÇARD,

Ouvrier, Saint-Simonien.

A TOUS

ET

A TOUTES.

NOUS VOULONS :

L'*émancipation* du PEUPLE, par l'*affranchissement* de la FEMME.

La *liberté* pour le PEUPLE, par l'*égalité* de la FEMME à l'HOMME.

Le *bien-être* du PEUPLE par l'abolition de tous les priviléges de la naissance et l'ASSOCIATION.

Plus de *sang*, plus de *violence*, plus de *ruse*, plus de *guerre*, plus de *concurrence*, plus de *prostitution*!

Paix universelle; *amour* à tous les peuples; *amour* à tous les hommes!

Ainsi que le Soleil, la Lune et les Astres sont les agens principaux de DIEU dans la nature, réglant harmoniquement la périodicité du temps, du jour, de la nuit et des saisons,

Que DIEU ait aussi ses agens dans l'*humanité*, et que ses agens soient une *Femme* et un *Homme*, AIMANT le plus leurs semblables, et les plus *capables* de les ASSOCIER en les faisant s'*aimer* et se *soutenir* les uns les autres.

Car c'est par là que l'HARMONIE régnera parmi les

Femmes et les Hommes, comme elle règne au sein des mondes.

DIEU le veut; le PÈRE l'a dit; la MÈRE le commande.

Gloire au PÈRE, en *prison* à Paris!

Amour à la MÈRE, *libre* à Constantinople!

Peuple puissant! espère, sois calme et patient; Barrault, associant à son œuvre *médecins* et *ingénieurs*, pousse en Orient, sous le nom de compagnon de la femme, une audacieuse rencontre au-devant de la MÈRE.

Hoart et Bruneau, d'une constance infatigable, rallient au PÈRE tous les *bons* travailleurs d'Occident; « travaillent avec eux aux mines, aux chemins de » fer, sur les fleuves écumans, aux forges et aux au- » tres ateliers, gagnant leur pain de chaque jour, » liés par l'*amour* du PÈRE et l'*attente* de la MÈRE. »

Et d'autres apôtres, messagers de la bonne nouvelle, rendent, partout où ils passent, un *culte* aux travailleurs en travaillant avec eux, et *installent*, en tous lieux, le saint compagnonnage de la femme, préparant ainsi, par un merveilleux accord de *but* et une religieuse diversité de *moyens*,

L'union prochaine de la MÈRE au PÈRE.

G. BIARD, *Apôtre*,
compagnon de la femme.

Grenoble,
Imprimerie de J.-L. BARNEL, rue St-André N.° 4.

197

www.ingramcontent.com/pod-product-compliance
Ingram Content Group UK Ltd.
Pitfield, Milton Keynes, MK11 3LW, UK
UKHW020409250726
13967UKWH00006B/2547

9 782012 784154